AF554053

A

HENRY DE VENEL

(1832-1891)

H. FARÉ.

HENRY DE VENEL

A

HENRY DE VENEL

(1832-1891)

H. FARÉ.

HENRY DE VENEL

(1832-1891)

FAMILLE, FOYER, DÉBUTS

I

J'arrive tard, parce que la vieillesse est lente, pour adresser le suprême adieu à l'ami de qui j'attendais ce service. Mais de ce retard que je n'ai pu éviter rien de fâcheux ne résultera. Henry de Venel n'était pas l'un de ces éphémères, sur la tombe desquels il faut se hâter de parler avant que le souvenir qu'ils ont laissé soit dissipé et disparaisse avec eux, fumée légère. Il n'est pas à craindre pour lui que ses traces s'évaporent si vite : il a su se faire honorer et aimer. Ses serviteurs, ses camarades, ses compagnons d'armes, ses amis, sa famille le pleurent. Ses enfants ont pieusement recueilli les exemples qu'il leur a laissés, les traditions dont il avait hérité pour les leur transmettre. Le long cortège des regrets et des sympathies qui ont entouré sa mort prématurée se déroule encore. J'arrive à temps.

II

Né à Marseille le 29 novembre 1832, mort à Paris le 20 janvier 1891, Henry-Marie de Venel était le second fils et le troisième enfant de Toussaint-Jules, vicomte de Venel, et de Louise-Alexandrine de Roux.

III

Vieille souche provençale, les Venel...

Il est peu de familles en Provence, a dit M. Charles de Ribbe [1], dont l'ancienneté soit aussi bien établie.

Dès le XIIIe siècle, il est fait mention d'eux, et mention honorable, dans les annales de leur pays. Écuyers ou conseillers ils sont les loyaux serviteurs des comtes de Provence, Raymond-Bérenger IV, Charles Ier d'Anjou, Charles II, Robert, roi de Jérusalem.

En 1252, *Raymond de Venel* est présent à une convention passée entre le comte Charles Ier et Barral des Baux.

Le 18 mai 1281, le comte Charles II donne à *Pierre de Venel*, l'un de ses écuyers, une terre sise à Châteaurenard, en considération des services rendus tant à lui-même qu'à son père Charles Ier et à Raymond-Béranger, son aïeul maternel.

Le 24 septembre 1312, Robert, comte de Provence et roi de Jérusalem, donne, au même titre, à son écuyer *Fouques de Venel*, la châtellenie d'Oseda.

Au temps des guerres d'Italie, les Venel sont capitaines.

1. Les détails qui suivent sur la famille de Venel sont dus à une obligeante communication de cet éminent écrivain, qui a bien voulu rechercher à l'appui de ses propres renseignements le témoignage de M. le marquis de Boisgelin, le plus autorisé qui soit aux choses de Provence.

On sait quelle était alors la valeur de ce titre. Le capitaine *Gaspard de Venel*, contemporain de Bayard, a quatre enfants, dont deux seront capitaines aussi ; mais l'aîné de ces enfants, *Jean de Venel*, voyant, à l'avènement de Henri IV, la paix rétablie et la croyant assurée pour de longues années, se détourne vers d'autres voies que la guerre : il dépose la cuirasse et le 12 mars 1599, il est reçu conseiller au Parlement d'Aix. Son fils, *Gaspard*, deuxième du nom, lui succède en sa charge au mois d'avril 1633.

A l'occasion, ces hommes de robe se souviennent du sang guerrier qui coule dans leurs veines. Le 20 juin 1649, une émeute soulève la population d'Aix contre le gouverneur, comte d'Alais, signataire d'un édit qui, instituant un parlement nouveau et amoindri, fait litière des vieilles franchises provençales. Dans l'effervescence populaire, la vie de la comtesse d'Alais est menacée. C'est le conseiller Gaspard de Venel qui se porte à son secours et la sauve. Cet acte de vigueur frappe les esprits. Le conseiller devient si populaire qu'on donne le nom de rue de Venel, qu'elle a gardé, à la voie publique dans laquelle s'élevait son hôtel. La renommée de Gaspard de Venel ne s'arrête pas à l'enceinte d'Aix. Il a épousé en 1633 Madeleine de Gaillard de Ventabren, à qui ses rares mérites ont valu une place dans la galerie des illustrations de la Provence. Ils sont appelés à la cour, sa femme et lui, elle, par Anne d'Autriche, pour devenir sous-gouvernante des fils de France, lui comme maître des requêtes de l'hôtel de la Reine et conseiller d'État.

Mais le conseiller Gaspard meurt sans enfants, avec lui s'éteignent la branche aînée des Venel et les espérances de haute fortune qui semblaient lui sourire.

La tige va être redressée sur le second rameau (à Signe, sur les bords du Gapeau, dans cette région toulonnaise que la famille habite depuis le xve siècle, qu'elle ne quittera plus que momentanément) par le mariage de Joseph, premier du nom, second fils de Gaspard, avec Jeane de Julhians.

De ce mariage naissent quatre filles et un fils, Claude, deuxième du nom, capitaine comme son père et son grand-père, d'abord au régiment de la Marine, puis au régiment de Champagne.

Claude II a deux fils : l'aîné, Joseph, deuxième du nom, gère le domaine et continue la race en épousant Élisabeth d'Avaye; le second, Jean-Baptiste, fidèle à la tradition du rameau, est capitaine au régiment de Champagne comme Claude II.

Des deux fils de Joseph II, l'aîné, *Joseph*, troisième du nom, gère le domaine ainsi que l'a fait Joseph II et comme lui continue la race, tandis que le second, François-Gaspard, maintient les traditions militaires de la famille, devient capitaine des vaisseaux du Roi et chevalier de Saint-Louis.

De Thérèse-Françoise de Garnier de Julhians Fontblanche, Joseph III n'a qu'un fils, *Jean-Joseph*. Celui-ci ne se résigne pas aux loisirs paisibles, il dédaigne les honneurs locaux du simple chef de famille. Les traces qu'il veut suivre, ce sont celles de son oncle François-Gaspard. Comme lui il devient capitaine des vaisseaux du Roi et chevalier de Saint-Louis. Mais les temps vont changer : la Révolution est proche.

Aucune existence ne sera plus remplie et plus agitée que celle du fils de Jean-Joseph, *Louis-Joseph de Venel*.

Né à Toulon le 6 février 1761, entré de bonne heure dans la marine, capitaine de vaisseau avant trente ans, l'un des compagnons de Suffren dans les brillantes campagnes de la mer des Indes, *Louis-Joseph de Venel* ne rentre à Toulon que pour y voir la révolution triomphante, ses biens pillés, sa vie menacée. Forcé de quitter Toulon pour échapper à la fureur des partis, il trouve asile à Montpellier, et y épouse Marguerite Fulcrand, qui lui donne deux fils, l'un destiné à mourir en bas âge et l'autre, *Toussaint-Jules*, qui sera le père de notre Henry. Avec le Consulat la tempête révolutionnaire s'apaise. L'Empire, qui regrette amèrement de n'avoir plus à sa disposition la glorieuse marine de *Louis XVI*, offre au capitaine de vaisseau le commandement d'une escadre. Mais il décline cet honneur, non par animosité contre le régime, mais parce qu'entouré d'officiers improvisés dont tout le courage ne peut suppléer aux connaissances techniques, il sent l'impossibilité de vaincre, et le dit. Les motifs de ce refus sont compris et appréciés. L'empereur Napoléon le lui prouve en lui allouant peu après une pension. La Restauration le fait vicomte de Venel en 1817 et, rentré en Provence, il meurt en 1825 au Beausset, contre-amiral et chevalier de Saint-Louis.

Quant au père de Henry, né en 1800, il est entré à seize ans comme surnuméraire aux gardes du corps de Monsieur. Il sert successivement aux compagnies Des Cars et de Luxembourg. Lieutenant de dragons à la sortie des gardes, il est rappelé en Provence par la mort de son père, y séjourne pour le règlement de ses affaires, et le 31 janvier 1827 épouse Louise-Alexandrine de Roux, comme lui de souche provençale. Deux enfants étaient nés de ce mariage, Jean-Baptiste-Fortuné en 1828, Marie-Félicité en 1829, quand il apprend que les amis qu'il a laissés à Paris ne l'ont pas oublié et qu'il est désigné pour remplir les fonctions d'écuyer de la duchesse de Berry.

Mais surviennent les événements de juillet 1830. Après le départ du Roi qui a pu le dégager de ses obligations, mais non de sa fidélité, le vicomte de Venel rentre en sa maison du Canadeau, d'où il ne sortira plus qu'à de rares intervalles.

C'est dans un de ces intervalles que Henry est né, à Marseille, dans la maison de sa grand'mère maternelle.

IV

Ayant parlé de la race, parlons du foyer. Revenons au Canadeau, propriété entrée dans la famille par le mariage de Joseph III, où le père de Henry va passer sa vie de 1830 à 1876, où Henry lui-même verra sourire ses premières années, ses premières vacances, où se concentreront si longtemps pour lui toutes les affections de famille, d'où partiront pendant sa carrière des directions fermes et tendres, pieusement reçues.

Des hauteurs de la Sainte-Baume au bord de la Méditerranée, le sol s'abaisse par étages successifs, froncés et fouillés d'une dégradation de collines et de vallées descendant du nord au sud dans la direction du Beausset.

Au sommet d'une de ces collines, et sur son versant ouest s'étage la maison du Canadeau, habitation vaste, simple, moitié résidence, moitié domaine, qui, épousant la déclivité du terrain, a son sous-sol, son rez-de-chaussée, son premier étage successivement de plain-pied avec le sol environnant.

Autour de la maison de grands vieux platanes qui l'ombragent, au pied de la maison une abondante source qui la rafraîchit, en arrière de la demeure les bâtiments et tout l'appareil d'une ferme. Au-dessus, une ceinture épaisse de pins défend l'habitation des vents du nord et de l'est : au-dessous, la colline s'abaisse en terrasses qui descendent chargées de vignes, d'arbres fruitiers, de cultures. Entre des rochers et des éboulis à travers lesquels des pins ont pris racine, la vue s'ouvre, s'élargit, saisit l'espace, la mer, la bleue Méditerranée.

De voisinage, d'habitations rapprochées, pas de traces. Un coin de colline dérobe la Ciotat qu'on pourrait voir. Site sévère, sérieux, sauvage, où rien n'est fait pour diminuer la sensation de l'isolement, car l'on n'y pénètre que difficilement, on n'y parvient qu'à cheval par une suite de chemins malaisés.

Chemins fréquentés néanmoins de quiconque parmi les rustiques habitants de la contrée a besoin de conseil ou d'assistance, assistance cordialement, chrétiennement et courtoisement donnée, reçue avec une reconnaissance qui n'a rien d'humble parce qu'elle se sent capable de dévouement, — héréditaire et traditionnel échange de bons procédés entre ces cultivateurs et ces propriétaires habitués à se soutenir et à se venir en aide, et dans lequel d'ailleurs aucune nuance ne manque, de part ni d'autre.

L'hospitalité n'est pas seulement offerte à ceux qui sous ce toit requièrent conseil ou appui. Large et simple elle est ouverte à quiconque se présente cherchant dans les relations mondaines le cœur et l'esprit. Cette retraite n'est pas un ermitage. Ce solitaire n'a rien du misanthrope. Les sentiments profondément religieux, les habitudes profondément chrétiennes des maîtres du logis n'ont rien de farouche. On dit la messe dans la chapelle de la résidence et le prêtre est l'ami du foyer. Mais à ce foyer on goûte aussi le charme de la bonne compagnie, des choses de l'esprit. On lit à ce foyer, on y écrit. Les excursions qu'on s'y permet dans le champ des lettres ne sont pas stériles, seulement les récoltes qu'on y fait sont réservées au cercle restreint de la famille. On n'a en dehors de ce cercle quelque idée du *mérite d'écrivain* du maître de ce logis que par de rares lettres précieusement recueillies. Ce qui le distinguera surtout cet homme de bien, c'est que l'inflexible et sévère fidélité à ses principes, c'est que les épreuves qu'il subira n'ôteront rien à la sérénité de son âme, à la modération, à l'impartialité de ses jugements. Tel il sera à trente ans, tel à soixante, tel à la mort. Une seule preuve, cette lettre, qu'il écrira le 2 janvier 1867, cinq ans après le mariage de Henry. Les premières lignes s'adressent à la femme de celui-ci.

A Madame Henry de Venel,

« J'ai oublié de dire à Henry que j'ai reçu une lettre du bon Banon qui, de son autorité de brigadier des forêts, me fait passer marquis ainsi que lui. Ainsi vous voilà marquise de par Banon. Après cette promotion, ce ne sont plus, depuis la première jusqu'à la dernière ligne, que protestations d'un dévouement absolu. Il finit par me donner l'assurance que son cœur et son sang nous appartiennent. Quant à moi, je suis très disposé à accepter le cœur de ce brave homme, mais à refuser son sang. J'espère qu'Henry fera comme moi. »

Puis, s'adressant à son fils et répondant aux préoccupations filiales, la lettre continue...

« Que te dirai-je maintenant de ma vie que tu ne connaisses aussi bien que moi? Ma promenade ordinaire au bois — qui n'est pas de Boulogne — l'épaule chargée d'un fusil inutile et toute ma personne suivie de *Negro* [1], aussi bon garçon, aussi nonchalant que par le passé, et de *Wolf*, certainement aussi fidèle qu'Hippolyte, moins fier à affronter un monstre, mais tout aussi farouche que le fils de Thésée.

« Le soir venu, je m'enfonce dans mon fauteuil et passe la première partie de la soirée, l'avant-souper, face à face

1. *Negro* et *Wolf*, ses chiens courants.

avec M. Veuillot : je ne possède pas de clef qui me permette de donner un nom à tous ses personnages, mais si j'en juge par ceux dont il cloue les vrais noms à son pilori, il rend bonne et rude justice. L'esprit ruisselle. Mais il marche, à mon sens, un peu trop de conserve avec la trique et le fouet de poste. C'est plutôt, j'en ai peur, le moyen d'encroûter le pécheur dans l'impénitence finale que de le ramener à la vérité.

« Tout le monde ici, depuis la dernière petite nièce jusqu'à la mère, l'âme de la maison, t'embrasse et te fera plier sous les vœux de bonheur si tu veux tous les porter. »

A soixante-sept ans, ce vieillard n'aura pas l'humeur morose : on ne s'apercevra pas que l'âge ait rien ôté à la chaleur de son cœur, à la grâce de son esprit, à la verve de sa plume alerte. Une âme saine est logée dans un corps qui restera vigoureux par l'habitude de la marche. Il promène son fusil, ce Provençal ; il a un poste, mais pour peu que le gibier se fasse attendre, l'officier de dragons a tiré sa pipe.

A ce fidèle portrait, celui même dont le père de Henry vient de tracer les principaux traits, il est essentiel d'ajouter un mot. Quand vint pour eux le moment de chercher hors de la maison paternelle le complément d'éducation que pouvait comporter le choix d'une carrière, l'aîné des enfants, Fortuné, fut mis au collège des Jésuites à Fribourg, Henry à celui d'Oullins, près de Lyon, leur sœur dans un établissement religieux de Paris.

V

Et maintenant, après cet aperçu sommaire de ses origines, de son foyer, de ses parents, voyons l'homme.

C'est en 1843 qu'il a été envoyé à Oullins. Il y a fait sa

première communion, en 1845, et il en est revenu en 1846 au Canadeau. En 1858 il a suivi comme externe les classes du collège de Toulon, puis de 1849 à 1851, le cours de Mathématiques professé par M. Eydoux. Il est venu en 1851-52 à Paris pour se préparer, à Sainte-Barbe, aux examens de l'École polytechnique. « Admissible à cette école », a-t-il dit dans les notes qu'il a laissées, « je fus classé en rang utile, puis éliminé de la liste par un acte d'autorité absolument arbitraire, basé sur des circonstances de nature politique sans fondement. » Sous cette réserve perce encore un amer sentiment de la déception aussi légitime que cruelle. Cette réserve, le temps écoulé, la mort survenue permettent de l'écarter.

Vers 1851, Venel avait rencontré à Paris un compatriote mêlé avec toute l'ardeur de la jeunesse et du sang provençal, aux luttes politiques de l'époque. A plusieurs reprises, ce compatriote était venu lui demander assistance, appui, asile temporaire. La police qui traquait le compatriote fut mise sur la trace de relations qu'elle ne prit pas la peine, ou n'eut pas la volonté de vérifier. *Ce qui était générosité* chrétienne et traditionnelle fut tenu pour complicité évidente quoique non démontrée, quel que fût l'abime qui séparât les convictions du protecteur de celles du protégé.

Assimilant le protecteur au protégé, — on ne crut pas trop faire en frappant préventivement un ennemi qui paraissait déclaré. Trop tardivement averti de la mesure qui l'allait atteindre, Venel ne put agir à temps. S'il eût requis justice, nul doute qu'il ne l'eût obtenue. En douter serait injure excessive à l'Empire.

Peut-être ce chagrin n'éveilla-t-il pas au Canadeau tous les échos auxquels on aurait pu s'attendre. La mère de Henry voyait déjà son fils aîné reçu à l'École polytechnique, engagé dans la carrière militaire. Envisagea-t-elle avec beaucoup de répugnance un incident qui lui rendait le second pour les carrières civiles? N'eut-elle pas dès lors pour l'École forestière des préférences qu'elle ne prit aucun soin de dissimuler? Le séjour au Canadeau, dans ce site couvert et entouré de bois, était-il d'autre part de nature à inspirer à son fils forcément détourné de la voie qu'il eût voulu suivre, des goûts conformes à ses désirs à elle? Quoi qu'il en ait pu être, le vœu maternel fut exaucé, et Henry de Venel entra à l'École de Nancy sous le n° 2 de la 30e promotion.

VI

Que va-t-il être à l'École? Voici le portrait qu'a tracé de lui, à cette date, un de ses camarades de promotion.

De taille plus que moyenne, élégant, bien fait, vigoureux, cheveux et barbe noirs, des yeux admirables, regardant droit, c'est l'homme extérieur.

Il tient de son père l'aménité, la courtoisie, la dignité des manières, mais c'est avec l'ardeur du sang provençal, avec l'emportement de la jeunesse, qu'il a hérité aussi de la foi politique et religieuse de sa famille, et avec tout ce qui n'est pas cette foi, avec tout ce qui n'est pas dans l'ordre de ses idées, il sera dès le premier jour plus disposé à combattre qu'à traiter. Pour tous ceux qui partagent ses convictions, c'est un chef désigné; pour tous ceux qui les combattent ce sera un antagoniste qui ne transige point, pour les chefs de l'école un objet de vives préoccupations.

On ajoutera que tout d'abord il ne sembla pas à ces chefs que cette nature ardente, complexe, emportée dût marquer au premier rang. Mais ils ont l'habitude de la jeunesse, ces chefs; ils savent faire la part de l'âge, retrouver les qualités sous les exubérances. Ils savent parler aux jeunes gens, les émouvoir, les toucher aussi bien que les retenir à pleins bras s'il le faut. Bientôt, sous leur influence, une révolution se fait dans l'esprit de l'élève.

Cette école où il vit, c'est une des belles œuvres de la Restauration. Ce n'est pas seulement la science qu'elle a mission de répandre, c'est le sentiment du devoir qu'elle a charge d'inspirer, ce n'est pas seulement la délicatesse et la probité des mains, c'est le dévouement qu'elle enseigne. Trente promotions en sont sorties, et toutes ont prêché d'exemple. C'est à un foyer d'honneur qu'il est assis, c'est à une élite de braves gens qu'il est associé. C'est un milieu d'où l'on sort meilleur, et si honorable que l'on puisse être, plus honorable, plus honoré par le rigide accomplissement du devoir.

Alors la direction est prise à toujours. Là est le secret de l'estime réciproque où, après s'être connus et appréciés dans le frottement quotidien de l'École, ont vécu, depuis, l'initiateur et l'initié, le maître et l'élève, Nanquette et Venel, jusqu'au dernier jour de l'élève.

La saine et vigoureuse nature de Nanquette, ce droit bon sens, rude envers le mal, tendre envers le bien, ont peu à peu calmé la fougue provençale, rendu plus tempéré ce métal en fusion, plus malléable cet acier, fait clairement apparaître à cette nature de soldat et de chrétien que dans son métier de forestier le simple accomplissement du devoir donnera toute satisfaction à son besoin d'expansion et d'action, aussi bien qu'à ses aspirations les plus élevées de dévouement et de sacrifice.

VII

Après quelques mois de stage passés à Grenoble, Venel fut appelé, le 15 mars 1856, au cantonnement de Barjols, forêts communales, taillis de chêne rouvre et de chêne yeuse, à courtes révolutions pour la plupart, avec quelque peu de pins d'Alep — vrai poste de début.

Ceux qui se plaisent à suivre dans leurs manifestations les mouvements de l'âme humaine allaient avoir là un prompt et saisissant spectacle dans la transformation qui s'opérait. Le bouillant compagnon de l'École de Nancy, l'élégant recherché, le mondain, sorti du théâtre où il a brillé, sort aussi vite de ses habitudes nancéennes. Quelques semaines ont suffi pour que le garde général s'absorbe désormais dans ses fonctions de chef du cantonnement de Barjols.

Succédant au bruit et à l'éclat de Nancy, la solitude lui est bonne conseillère, car désormais il aura la sagesse et la bonne fortune *d'aimer ce qu'il a*. Ses bois ne sont pas les plus beaux qu'un forestier puisse rêver conduire, mais c'est un dépôt à lui confié et il prend cette tâche au sérieux. Elle lui est occasion naturelle d'étudier jusque dans leurs plus extrêmes détails toutes les obligations de son service; étude dont plus tard il tirera grand profit. Ce Provençal aime sa terre provençale, ses communes provençales, ses gardes provençaux comme lui. L'étude l'amène à voir dans ces bois plus que des taillis simples ou des taillis composés à révolution plus ou moins courte. Il voit dans la forêt tout ce qu'il y faut voir; il en sait tout ce qu'elle peut lui apprendre, flore et faune, plume et poil, gardes et propriétaires, il écoute et il voit. Quels sont en cas de chasse les premiers oiseaux qui quittent le bois et en quel ordre, il vous le dira, tout comme les règles classiques de la sylviculture. Peut-être ce qu'il emprunte à l'expérience de ses gardes chatouille-t-il plus agréablement par sa musique accentuée, ses oreilles provençales, mais l'affection que lui inspire cette musique lui est rendue par ses compatriotes, par ses gardes surtout.

Vis-à-vis de ces modestes et dévoués serviteurs qui donnent beaucoup plus qu'ils ne reçoivent, l'extrême jeunesse est parfois quelque peu exigeante, un peu présomptueuse, se montre parfois sévère. Ce nouveau chef au contraire, sans jamais cesser d'être chef, s'y prend par la douceur, écoute, interroge, s'inquiète des besoins, des intérêts, des désirs de chacun de ses subordonnés, *fait toujours justice*. Bref il aime choses et gens et se fait aimer. Bon début, bon exemple à suivre, aimable et gracieux souvenir que celui de ces trois années bien remplies que Venel passa à Barjols, du 15 mars 1856 au 16 mars 1859, entre parenthèses, vivant de ses seuls appointements.

VIII

La sûreté de jugement, le bon sens pratique dont il avait fait preuve dans le maniement des hommes et des affaires avaient appelé sur lui l'attention de ses chefs. Aussi son nom fut-il prononcé des premiers dès qu'il fut question d'adjoindre aux chefs des commissions de cantonnement et d'aménagement, qui prirent à partir de 1857 un si grand développement, de jeunes collaborateurs, intelligents et vigoureux. En mars 1859, auprès de M. Gabé, dans les Vosges; en avril 1860, auprès de M. Guary, dans la Haute-Garonne; surtout en mai 1861, auprès de M. Monerie de Cabrens, à Aix, dans la première commission de reboisement instituée à Digne pour l'application de la loi de 1860, il justifia la confiance dont il avait été l'objet et de telle façon que le Directeur général d'alors, le regretté Vicaire, l'attacha après deux ans de rude séjour en montagne au bureau nouvellement créé du reboisement à l'administration centrale, sous les ordres de M. Bouquet de la Grye.

A cette quadruple épreuve l'homme s'était trempé, assagi, pondéré. Le forestier était prêt pour toutes les tâches. L'homme fixa sa vie. Il épousa, le 19 septembre 1862, Mlle Marie-Émilie-Antoinette Vuigner, fille d'un honorable ingénieur chargé de la direction des travaux de la ligne de l'Est, officier de la Légion d'honneur.

L'ENQUÊTE DES MAURES

I

En 1865, Venel fut attaché au bureau du personnel. Ses qualités de rédacteur, son style net et précis furent utilisés à la refonte du recueil des circulaires de l'administration. Ce n'était pas du temps perdu. On ne doit pas médire des circulaires. En cette matière comme en toutes autres il convient de distinguer. S'agit-il de comptabilité? On ne saurait trop multiplier les instructions, les avis, les modèles, trop exiger de justifications; exagérez les béquilles si à ce prix vous évitez les faux pas! Il faut donc, en comptabilité, marquer les circulaires du signe plus. En sylviculture, c'est moins nécessaire. Beaucoup de sylviculteurs peuvent faire une circulaire, beaucoup de circulaires ne peuvent faire un sylviculteur. En sylviculture ce n'est pas dans un recueil qu'il faut surtout savoir lire et se débrouiller, c'est sur le terrain. Des modèles et des règlements aux sédentaires, oui : aux chefs de cantonnement ou de service, du coup d'œil, de l'activité, le goût du bois et son fréquent contact : pour eux, c'est la nature qui est le grand livre.

Il est excellent d'avoir la double aptitude du terrain et du bureau, il est non moins précieux d'y joindre comme Venel les traditions les plus correctes de la bonne compagnie.

Mais prenons les choses de plus loin.

II

On se reprocherait la longueur des détails qui suivent si l'on n'avait pour excuse que c'est des travaux de Venel qu'on va les extraire.

On sait qu'entre la masse des terrains calcaires du département du Var, au nord, et le bord de la Méditerranée au sud, s'étend une longue et étroite bande de terrains primitifs, de roches anciennes; de Toulon à Fréjus, les Maures, schistes, gneiss, grès rouge et bigarré; de Fréjus à Cannes, l'Esterel, granits et porphyres; les Maures, croupes arrondies, larges vallées; l'Esterel, pics escarpés, gorges profondes, abord difficile; entre les deux régions, l'Argens vient à la mer en sa large vallée.

Sur le sol fertile provenant de la décomposition de ces roches se plaisent le chêne-liège et le pin maritime. Sous l'étage dominant de ces essences principales naît, se développe vite au soleil hâtif de Provence, se presse et s'étouffe à l'abondante lumière de ce ciel, se dessèche presque aussi vite à l'ardeur de son soleil, une surproduction de bruyères et de morts bois de toutes sortes, lesquels se feutrant des aiguilles tombées des pins et des feuilles tombées des chênes étendent, sous les massifs, sur le sol des bois, un tapis épais, continu, inflammable comme l'amadou.

Dans cette région sans routes et sans habitants, les troupeaux ont longtemps régné en maîtres. La culture n'a pris possession que de rares portions du sol et pour l'utiliser elle a introduit, au temps des Sarrasins, dit-on, des pratiques agricoles dont le caractère commun est l'emploi du feu, et qui sous les noms de taillades, d'issarts et d'écobuages consistent à brûler, par des procédés divers à feu courant ou dans des fourneaux, soit les produits ligneux du sol, soit les gazons desséchés qui le couvrent, le tout en vue d'obtenir de la cendre de ces brûlis, l'engrais difficile à se procurer autrement, auquel on devra une maigre, courte et très intermittente culture de céréales.

Issarts, taillades et écobuages doivent se brûler avant la saison des pluies pour que le terrain ayant cette fumure soit préparé à temps à recevoir l'ensemencement.

Sera-t-il bien facile d'empêcher qu'une étincelle échappée de ce feu tombe sur le tapis d'amadou environnant? Il n'en faut pas plus cependant pour que l'incendie éclate, se propage. Supposez que le mistral accoure. Sa soudaine violence va emporter partout avec elle les langues mobiles et les ravages du feu. Qui les arrêtera? Où s'arrêteront-ils?

Plus d'une fois sous cette irrésistible impulsion, du haut des montagnes jusqu'au bord du rivage, le fléau a tout ravagé, malgré tous les efforts des parlements, malgré tous les édits destinés à régler, à circonscrire l'emploi du feu, à combattre l'incendie sous toutes ses formes. La lutte dura autant que les parlements. Quand la Révolution les emporta, ils n'avaient pas encore triomphé des traditions, des routines, de l'inertie. Les conseils généraux, les préfets ne furent après eux ni moins énergiques, ni plus heureux. Ni les mesures locales, ni le Code pénal, ni le Code forestier, ne modifièrent beaucoup la situation. Aux cultivateurs en quête d'engrais, aux bergers avides d'herbe fraîche pour leurs troupeaux venaient s'adjoindre le nombre croissant des fumeurs et des chasseurs jetant au gré du vent qui leurs bourres et qui leurs allumettes ou les débris de leurs cigarettes.

Mais les temps s'approchaient où l'intelligence et la science, l'énergie raisonnée, l'intérêt privé d'abord, l'intérêt public ensuite allaient soutenir contre le terrible fléau si inconsciemment et si terriblement aidé par la routine et l'apathie une lutte moins inégale. Les propriétaires les plus éclairés commençaient à se préoccuper du profit qu'ils pouvaient tirer des écorces de leurs chênes. Les emplois du liège s'étendaient. Les prix montaient. « Dès 1852[1], alors que l'Esterel et la plus grande partie des Maures ne formaient encore que des massifs impénétrables ou des maquis abandonnés au parcours, l'inspecteur des forêts Deval signalait cette région comme destinée à devenir une mine d'or, par la culture raisonnée du liège. » Charles de Ribbe avait de son côté étudié la Provence au point de vue des incendies aussi bien qu'à celui des inondations. Décrivant les ravages du feu il en avait cherché les remèdes et, tandis qu'une compagnie se formait pour la défense des bois des particuliers dans les Maures et groupait de sérieuses adhésions et d'efficaces bonnes volontés, il avait signalé la nécessité d'une législation spéciale pour réglementer l'emploi du feu.

Allait-on malgré tout reculer encore? Le mal grandissait à chaque crise. De 1838 à 1848, 40 000 hect. de bois avaient été détruits par le feu. De 1838 à 1868, il ravagea tous les massifs domaniaux, la plupart des massifs communaux de la Provence. De 1865 à 1868, les sinistres avaient paru redoubler d'intensité. Le mal local prenant les proportions d'un danger public, la Chambre des dé-

1. *Le Var*, E. Boyé, ancien conservateur des forêts, Lille. (Danel, 1887, p. 49.)

putés fut saisie. Dans la séance du 20 juillet 1868, sur l'interpellation d'un député de la région, le gouvernement prit l'engagement d'aviser et d'apporter à bref délai telles propositions qu'il appartiendrait.

Le Directeur général qui fut nommé au mois d'août suivant eut à cœur de dégager la parole de son Ministre. Il résolut, à cet effet, de procéder sur place à une enquête opérée en la même forme que les récentes enquêtes agricoles. Sur l'indication du chef du personnel, Venel fut désigné pour accompagner le Directeur général et remplir les fonctions de secrétaire de l'enquête.

III

Mis au courant des projets du Directeur général, Venel, bon forestier et bon Provençal, vit dans la mission à laquelle il était associé un honneur et un succès possibles pour son service, un bienfait pour sa terre natale. Pour le service des forêts et pour la Provence, ayant la juste et double fierté de sa profession et de sa patrie locale, il voulut tout le succès possible et s'efforça de l'obtenir.

En quelques jours un programme fut concerté avec les agents forestiers et la préfecture du Var, un questionnaire rédigé, imprimé, adressé à toutes les personnes dont on pouvait espérer des dépositions à l'enquête; des rendez-vous furent pris pour les entendre à Draguignan, à Toulon, à Hyères et à Fréjus. L'enquête devait d'ailleurs faire précéder ces rendez-vous d'une visite aux massifs forestiers les plus intéressants de la région au point de vue des incendies. Arrivés là, bien d'autres se fussent bornés à cette rapide et intelligente exécution des ordres reçus. Mais Venel était de la race peu commune de ceux qui ne se bornent pas à exécuter des ordres reçus, et il le fit voir. Il avait pris contact personnel avec la Société des Maures, avec son digne président M. de Boutiny, avec son distingué secrétaire, le docteur Vidal. L'enquête devait se recruter à son arrivée en Provence du vice-président de la société, Ch. de Ribbe. Venel ne s'en tint pas là. Sur toute la surface du pays, il avait convoqué, secoué, poussé vers l'enquête, parents, amis, relations, stimulant les indifférences, réveillant les inerties. Avant de s'éloigner de Paris, aux rendez-vous par elle donnés, l'enquête était déjà assurée de trouver partout qui recevoir et qui écouter. Par amitié pour Venel, le comte Des Cars, ce sylviculteur si autorisé, avait consenti à se joindre à l'enquête. Il quitta Paris avec elle : de son côté, M. de Ribbe fut exact au rendez-vous à Marseille. On avait laissé à Paris la neige, le brouillard, le froid de décembre. On trouvait à l'entrée sur le sol de Provence, l'heureuse et fortifiante compagnie du soleil. Ce changement parut de bon augure.

Ceux qui sont au courant des difficultés qu'on trouvait autrefois en France à prendre une initiative en matière d'administration, ne s'étonneront pas des longueurs dans lesquelles on ne craint pas ici de s'aventurer. Mis en mesure d'agir à sa guise, Venel payait la confiance par le succès. On a plaisir à le lui reporter.

IV

Quel intérêt intense et saisissant que celui de cette marche rapide sur les traces du feu ! Ici le cœur se serrait à la vue de vastes espaces dévastés où de loin en loin de maigres squelettes, tiges noires et dépouillées, semblaient pleurer sur tant de ruines. Là, aux gais rayons d'un soleil vif même en décembre, on voyait sourdre et sourire tout un jeune peuple de chênes-liège, phénix renaissant sur les cendres des pins. Ce peuplement, c'est l'industrie humaine, c'est l'enlèvement des morts bois, le *débroussaillement* qui l'a mis à l'abri du feu. Cet autre, traité par la méthode homéopathique, c'est le petit feu, plus économique que le débroussaillement, qui le préserve de l'incendie. Cet autre encore, c'est une large bande de terrain riverain mis à nu qui de tous les côtés l'isole et le protège.

Quittez la route en descendant du Dom de Bormes et suivez l'inspecteur Vincent qui va vous faire toucher sur le vif les soins à donner au chêne-liège pour le dégager, l'élever, le cultiver. Suivez ce grand propriétaire heureux d'appliquer, fonctionnaire modeste, aux massifs domaniaux, les procédés auxquels il doit la prospérité de ses propres bois, si attaché à ses devoirs que la seule récompense qu'on puisse lui offrir c'est d'augmenter les crédits dont il dispose, de le mettre à même de faire, sur le sol domanial, le même bien que chez lui sur une plus large échelle.

Même zèle chez toute cette jeunesse forestière qui se précipite, heureuse de voir le prix qu'on attache à ses travaux. Chacun s'animant pendant cette course, le comte Des Cars, jaloux d'être utile à son tour, monte sur un chêne-liège avec l'adresse et la souplesse d'un jeune homme et donne de là aux gardes attentifs une leçon d'élagage qui portera ses fruits.

V

Ainsi édifiée par ses yeux, l'enquête avait à passer par une autre épreuve. Qu'allait-elle entendre? Des récriminations, des reproches, tout au moins des exigences, des sommations? L'audience publique s'ouvrit pour elle à Draguignan non sans émotion. Devant une assistance assez nombreuse, et sans préambule, on voulut savoir tout de suite à quoi s'en tenir sur ses dispositions, et la parole fut donnée au premier par ordre alphabétique des futurs déposants. C'était un conseiller général qui tout d'abord témoigna quelque hésitation. Je pensais, dit-il, que l'administration commencerait par nous faire connaître ses idées. « Nous sommes venus pour vous entendre et non pour vous parler, lui fut-il répondu, pour prendre conseil de vos exemples, pour nous associer à vos efforts. Nous désirons vous satisfaire. Dites-nous donc comment nous devons nous y prendre. Si nous n'y réussissions pas, vous n'auriez à accuser que vous-mêmes. »

Dès lors, on s'était compris. Orales ou écrites, les dépositions affluèrent. On se quitta contents les uns des autres. Il y a encore assez de témoins vivants pour l'attester ici ou là-bas. Oui, c'était un succès que la sympathie naissant du contact de l'administration et des populations. C'était un succès surtout pour une administration volontiers réputée tracassière à cause des sacrifices qu'elle a le devoir d'imposer au présent dans l'intérêt de l'avenir. C'était un succès que l'enquête était heureuse de rapporter au Ministre, mais dont le principal effort et par conséquent le principal mérite revenait à Venel.

VI

Venue à un moment propice, l'enquête n'avait pas d'ailleurs épuisé son heureuse veine. Le volontaire de l'enquête, le comte Des Cars avait eu la gracieuse pensée de présenter ses compagnons de voyage à sa sœur la duchesse de Vallombrosa, alors présente à sa somptueuse résidence de Cannes, où elle exerçait sur la société française et étrangère comme une sorte de patronat dû à l'ascendant d'un grand nom, d'une haute naissance, d'un mérite encore plus grand et plus haut. En entendant ses hôtes parler avec chaleur de leurs projets, de la lutte qu'ils allaient engager contre le feu, des emplacements où ils logeraient les demeures collectives de leurs surveillants, aux postes les plus avancés du secours mais aussi du danger, bref en grand'gardes contre leur rédoutable ennemi, son cœur s'émut et elle témoigna le désir d'aller visiter un de ces emplacements. Elle ne se demanda pas, elle ne demanda pas non plus si ce vœu n'était pas téméraire, s'il était compatible avec les exigences d'une santé délicate, s'il pouvait lui être médicalement permis d'aller braver à ces hauteurs l'atteinte d'une saute de vent et d'une soudaine bourrasque qui eussent été certainement meurtrières. Elle monta avec quelques compagnes en toute grâce et simplicité, se disant récompensée et bien au delà de son effort par le magnifique spectacle que montagnes et forêts développaient en s'abaissant sous ses yeux. L'audace réussit, le temps resta beau : dans la montagne le souvenir n'en est pas encore effacé ; est-il de trop en cette notice?

VII

La veine heureuse se continuait pour l'enquête. Rentrée à Paris, elle demanda et obtint pour l'examen du projet de loi, conclusion de ses travaux, la nomination d'une commission composée des secrétaires généraux des départements ministériels intéressés, Finances, Intérieur, Justice, Travaux publics, sous la présidence du président de la section des finances du conseil d'État. Cette requête fut agréée, et la suite prouva que c'était là un bon système de recrutement pour les commissions administratives. Le travail de celle-ci où Venel fut appelé comme secrétaire fut si éclairé et si consciencieux, si complet et si catégorique fut le travail du commissaire du gouvernement Lhopital, rapporteur devant la Chambre, si éclatante au sein du Corps législatif l'adhésion du député de la région, que le projet sorti des délibérations de la commission des secrétaires généraux ne rencontra pas difficulté sérieuse et fut adopté presque sans débat.

Au Sénat la fortune du projet ne fut pas moindre. Le baron Haussmann invoqua sa qualité d'ancien préfet du Var pour revendiquer la rédaction du rapport. Il justifia sa prétention et marqua sa griffe en introduisant dans son travail des observations qui méritaient le plus sérieux examen [1]. Mais la région des Maures paraissait impatiente de voir aboutir le projet. On crut bon de la satisfaire sans attendre. La loi fut promulguée le 27 juillet 1870, avec l'arrière-pensée d'y revenir, dès que les circonstances le permettraient.

Nul ne se doutait à ce moment que le duc de Gramont, montant le 15 juillet à la tribune, allait déchaîner le vent et la tempête impatiemment attendus de l'autre côté du Rhin pour y voir sombrer dans un guet-apens laborieusement préparé, la puissance militaire et l'influence de la France.

VIII

Le lendemain de ce discours, Venel, nommé, dès le 31 décembre 1868, capitaine au 7e bataillon des gardes mobiles de la Seine, allait prendre possession de son poste.

1. Il en sera question plus loin à l'occasion de la deuxième enquête. — Incendies des Landes.

LA GUERRE

I

Les forestiers qui font aujourd'hui partie intégrante de l'organisation militaire de la France ont, pendant la guerre de 1870, rendu au pays des services de toutes natures qui méritent de n'être pas oubliés. Un livre pourrait, devrait être écrit pour recueillir tous ces souvenirs. Le forestier, soucieux à juste titre de l'honneur de son corps, qui entreprendra cette tâche en trouvera sans beaucoup de peine dans les publications de l'époque, officielles ou privées, tous les éléments. Les régiments ont leur histoire. Corps d'élite, les forestiers doivent avoir la leur.

On sortirait ici du cadre tracé si l'on ne se bornait pas à y mentionner brièvement les efforts que fit au début des opérations le service des forêts pour mettre à la disposition du Ministère de la Guerre d'abord (décret du 9 août) tout son personnel de l'est, puis (15 août) tout celui du centre et, enfin (28 août), tout le reste. Le lendemain 29 le personnel des forêts de la couronne était mobilisé à son tour. Le même jour une dernière décision appelait

1200 préposés à former un régiment pour la défense de Paris.

Mais c'était moins de personnel que de matériel qu'il semblait alors que la défense de Paris allait manquer. La mise en état de la place et de ses abords à peine ébauchée rencontrait dans les exigences et la mauvaise volonté des ouvriers de graves difficultés. Difficultés non moins graves, on manquait de bois pour l'armement des forts. On comprend donc avec quelle satisfaction fut reçue par le service du génie l'offre que lui fit le service des forêts de faire revivre la vieille ordonnance des 24 décembre 1830-28 avril 1831 [1] et de lui livrer sur place les bois que le commerce était hors d'état de fournir à temps et qu'on ne savait comment se procurer autrement. Il y a encore des gens qui se souviennent de la rapidité et du succès avec lesquels, sous l'énergique impulsion de leur chef, M. Ch. Meynier, les forestiers de la conservation de Paris abattirent, débitèrent, façonnèrent et transportèrent à pied d'œuvre les bois requis par la défense [2], enlevant jusque sous les pas de l'ennemi les derniers produits de leurs coupes, rentrant les derniers dans Paris.

Le hasard fit que Venel, qui paraissait lié pour toute la durée de la guerre aux destinées militaires du 7ᵉ bataillon des mobiles de la Seine, eut à ce moment à prendre sa part de ces services forestiers rendus à la défense. Mis en rapport avec l'état-major du général Trochu, il reçut le 12 septembre l'ordre suivant :

« En conformité de l'ordre donné par le président du Comité de défense, gouverneur de Paris, au lieutenant-colonel du génie Husquin, assisté de M. Lair, ingénieur,

1. Duvergier, Collection des Lois, vol. XXXI, p. 261.

2. Voir, pour le détail de ces fournitures, *le Dernier Directeur général des forêts*, p. 168 et suivantes.

le capitaine du 7e bataillon, 2e compagnie, des Mobiles de la Seine, de Venel, est chargé de procéder à la destruction des bois gênant la défense, placés en face de l'ouvrage de Clamart.

« A cet effet il donnera les instructions nécessaires aux commandants des deux bataillons de la mobile d'Ille-et-Vilaine et du Finistère envoyés à cet effet, comme à toutes autorités civiles et militaires qui devront obéir à ses réquisitions. Il pourra prendre tous matériaux utiles à l'opération.

« Par ordre du gouverneur et avec son autorisation.

« P. le colonel Husquin,

« Signé : Jules Lair,

« Ingénieur attaché à l'État-Major du général Trochu. »

II

Cette tâche remplie, Venel rejoignit son bataillon et reçut avec lui le baptême du feu au combat de Châtillon.

Ce bataillon était commandé par un chef énergique, ancien capitaine de chasseurs à pied, qui avait donné en Crimée les marques de la plus brillante valeur attestée et rendue visible à tous les yeux par la profonde entaille qu'un éclat d'obus avait creusée à son front dans les tranchées de Sébastopol. L'épreuve qu'allait subir sa troupe est toujours sérieuse, les circonstances la rendaient critique. Le chef trouva de brefs accents pour faire passer le feu de son cœur dans le cœur de ses hommes. L'action s'engagea.

On lit dans les notes qu'a laissées Venel de cette journée du 19 septembre :

« L'action fut engagée à 7 heures du matin au point de jonction de la route du Pavé Blanc et de la route de

Versailles, à la ferme du Pavé Blanc, dite la briqueterie du Petit-Bicêtre, par la première compagnie du septième bataillon qui attaqua et prit cette position. Les autres compagnies du bataillon suivirent et occupèrent la ferme, le jardin et ses abords, jusqu'à 10 heures du matin.

« A ce moment, par suite des diverses péripéties du combat, il ne restait sur le champ de bataille entre la ferme de Trévaux et la ferme du Pavé Blanc que l'artillerie qui effectuait sa retraite avec la cavalerie du général de Bernis. Le septième couvrait l'artillerie contre la cavalerie ennemie qui s'avançait sur la lisière de la forêt de Meudon. Il n'y avait pas d'autre infanterie sur cette partie du champ de bataille. »

La ferme attitude du bataillon, son sang-froid, sa discipline sous le feu avaient attiré l'attention du général Ducrot. Il vint au septième et lui décerna sur place les témoignages les plus flatteurs de sa satisfaction.

Venel avait mérité d'en prendre sa part. Dès son arrivée au corps, ses qualités militaires avaient été appréciées par ses camarades et remarquées par son chef. Un des camarades de Venel au septième, capitaine comme lui, le comte de Grandeffe, a écrit de lui : « Il s'est trouvé d'emblée comme d'instinct à la hauteur de ses fonctions. Il avait au feu un admirable sang-froid qui ne se démentit jamais. »

Les soldats partageaient les sympathies des officiers et ne tardèrent pas à en donner la preuve. Dans un accès aigu de déférence envers le suffrage universel, le gouvernement de la Défense nationale avait décidé qu'au lendemain du combat, le 20 septembre, les grades des officiers de mobiles nommés par décret leur seraient confirmés ou retirés par le suffrage de leurs hommes. A l'unanimité des 118 votants, chose rare, les gardes de la 2e compagnie votèrent pour le capitaine de Venel.

Le combat livré le 21 octobre par le général Ducrot à la Malmaison ne modifia pas les dispositions des mobiles à son égard. Au contraire la popularité du capitaine s'en accrut. On sait ce que fut ce combat, dernière faveur que la fortune réservait au gouverneur de Paris s'il eût tendu la main pour la saisir. Avec quelques hommes et quelques préparatifs de plus, avec un peu plus de confiance et de résolution, avec un peu de désespoir même, contre un ennemi qui fut pris à l'improviste, qui sait si cette *reconnaissance* parvenue aux portes de Versailles n'eût pas déterminé le départ du roi de Prusse, lequel vraisemblablement ne se fût pas retiré vers l'ouest? Il eût été plus facile de tendre alors la main à l'armée de la Loire. On fit un mois plus tard contre les Prussiens *avertis* une tentative opérée sur une plus vaste échelle avec infiniment moins de chances de succès. On était entré pour n'en plus sortir dans la série de ces actions partielles engagées avec entrain par la troupe, mal soutenues par l'état-major, inexorablement terminées par un ordre de retraite qui arrachait aux hommes décimés le prix de leurs sanglants efforts. A la prochaine fois, tout irait mieux sans doute. A la guerre plus qu'ailleurs l'occasion ne se retrouve.

III

Ce qui s'était renouvelé pour Venel c'était l'occasion de donner une seconde fois preuve de sa bravoure et de ses talents militaires. Ce qui se renouvela aussi ce fut chez les mobiles le désir de lui donner une marque de leur sympathie.

Le mécontentement était grand dans Paris à la fin

d'octobre. Les événements du Bourget, les nouvelles arrivées de Metz n'avaient pas contribué à l'apaiser. Le 30 octobre, la future Commune essaya ses forces et la seule répression que tenta contre l'insurrection le gouverneur d'une place fortifiée investie fut encore un appel au suffrage universel dont les insurgés même ne furent pas exclus. Dans un moment où le suffrage était d'un emploi si fréquent et si général les mobiles songèrent à en faire un usage de leur façon. Ayant à choisir un maire pour leur arrondissement, ils estimèrent que le capitaine qui conduisait si bien sa compagnie au feu, n'aurait pas de peine à mener une mairie et à y faire prévaloir leurs intérêts.

De la disposition où ils se trouvaient à cet égard témoigne le document suivant :

7 novembre 1870.

La réunion des électeurs qui ont appuyé et fait prévaloir la candidature de M. Arnaud à la mairie du septième arrondissement a été prévenue trop tard du désir des gardes mobiles du septième bataillon d'être représentée (*sic*) par un de ses chefs très honorable et très capable, M. le capitaine de Venel, sur la liste des candidats, — et elle a craint d'ailleurs que ces fonctions, surtout pendant le siège, ne fussent légalement et matériellement incompatibles avec les devoirs militaires.

Mais très touchée du sentiment qui portait la garde mobile du septième bataillon à s'unir aux luttes civiles de l'arrondissement qu'elle représente avec tant d'honneur à la guerre, la réunion a voulu prier M. le commandant de Bonneuil d'exprimer tous ses remerciements au bataillon et, en même temps, elle a saisi l'occasion de témoigner à la garde mobile combien le septième arrondissement est fier de sa belle conduite devant l'ennemi.

Signé : L. Vitet. A. Cochin.
J. de Crisenoy. Mis de Biencourt.
Comte de Biencourt. Th. Sallantin.
M. de Ronseray. Xavier Raymond.
Deschars. P. Durouchoux, etc.

Il ne fut pas donné suite à ce projet. Le plus ferme adversaire qu'il eût rencontré eût été Venel, peu soucieux d'échanger contre les honneurs municipaux son poste de combat.

Il reçut mieux ceux de ses camarades et amis forestiers que quelque relâche survenue dans les opérations de son corps d'armée lui permit d'accueillir à Neuilly et vis-à-vis desquels il déploya tout ce que l'époque pouvait comporter de sybaritisme rationné.

Il y avait dans ces bataillons parisiens des représentants de tous les arts, de toutes les sciences, de toutes les industries, de tous les métiers ; mais dans ce moment de disette, l'un des plus appréciés, sinon le plus goûté, était sans contredit le cuisinier du comte Multedo qui servait comme garde à la deuxième compagnie. Grâce au génie de cet homme, on mangeait à Neuilly des beefsteacks, des râbles rôtis, des civets, des salmis sans que ses ingénieuses transformations permissent de reconnaître un instant que ce bœuf avait henni, que ce rôti avait aboyé, que ce civet courait les gouttières à la poursuite de ce salmis. Un vrai idéal, ces croquettes non de riz, mais de rat !

IV

Friandises de circonstance, fugitives délices que le septième bataillon allait rudement expier sur le plateau d'Avron. L'ayant occupé, on ne songea pas tout de suite à s'y loger. Cependant quand on vit à l'horizon Nord l'ennemi remuer partout la terre, multiplier les travaux, sentant que l'attaque était proche, on se mit à creuser. Mais ce plateau rocheux ne se laissait que difficilement entamer. Avant que l'installation fût achevée, le froid survint, âpre, rigoureux. Marins, artilleurs, mobiles souffrirent cruellement dans leurs étroites tranchées. Dès le 25 décembre, l'eau et le vin y gelèrent. On ne put fendre le pain qu'avec la hache. Deux sentinelles des postes avancés où l'on ne pouvait faire de feu furent gelés. Bientôt les cas de congélation se multiplièrent dans la troupe, même aux tranchées. A ce moment où le péril et les souffrances grandissent, la tâche des officiers s'accroît, leur zèle redouble.

Voilà un pauvre diable en grand'garde. Il y a trois mois, on l'a affublé tout à coup d'une tunique, d'un pantalon bleu à bande rouge, d'un képi; on lui a crié : Marche, mais sa mère a eu le temps de lui dire : Prends tes meilleurs souliers, tu ne resteras pas en route, et pense à nous, voilà cinq francs. C'est en effet à elle qu'il pense, vers les deux heures du matin, sur le plateau, ce mobile. On lui a recommandé d'ouvrir l'œil et voilà une terrible envie qui lui prend de le fermer. Il lutte, il souffre, il se sent engourdir, immobiliser, à son tour il va geler : un léger bruit éveille son attention, il a reconnu la ronde d'officier. A voix basse on lui montre le danger du sommeil, le devoir de le combattre, le moyen de le vaincre. L'homme ne se sent plus isolé, il comprend qu'il fait partie d'un grand tout, qu'on veille sur lui, que par conséquent il faut qu'il veille sur les autres. Le voilà remis.

Aux rigueurs du froid vient se joindre une autre épreuve. Le bombardement commence le 26 décembre à 7 heures 1/2 du matin. Seize batteries attaquent de Montfermeil, de

Noisy-le-Grand, de Chelles, les forts de Nogent, de Noisy, de Rosny, croisent les feux de leurs pièces à grande portée sur ce qu'on a appelé depuis l'enfer d'Avron. Si l'excès des souffrances abat quelques courages, si une partie des défenseurs du plateau cherche abri aux places les moins exposées au feu, l'énergie des officiers arrête ce mouvement et ramène les hommes aux tranchées où les vaillants marins, artilleurs et mobiles de la division d'Hugues, rivalisent d'énergie impassible, sous les yeux, sous l'exemple de leurs officiers, de leurs généraux, de leurs amiraux, du gouverneur lui-même accouru à ce feu.

Le lendemain de l'ouverture du bombardement, l'*Officiel* a nommé les officiers tués et blessés de cette rude journée. Le nom du capitaine de Venel figure dans cette glorieuse liste.

L'ENQUÊTE DES LANDES

I

Le bruit courut à Paris que la blessure de Venel était si grave qu'elle avait nécessité l'amputation. Chacun s'émut et s'empressa, camarades, amis, parents, d'aller aux nouvelles qui à l'état-major du gouverneur, qui aux ambulances, qui aux avant-postes. Mais le blessé ne fut rencontré par aucun de ceux qui le cherchaient. Chez le gouverneur naturellement on ne savait rien. Aux avant-postes tous les blessés gravement atteints étaient déjà évacués. Enfin un mot très obligeant de M. Albert Ellissen fit connaître qu'il n'y avait aux ambulances de la Croix-Rouge de France aucun officier blessé du nom de Henry de Venel. C'est qu'en effet dès qu'il avait pu être constaté qu'il n'avait rien de cassé, encore tout froissé et meurtri qu'il fût, il avait rejoint son bataillon ayant pris le soin d'écrire au Canadeau pour rassurer son père, comme l'indique la lettre ci-dessous :

1er février 1871.

A M. du Puy Montbrun, capitaine au 32e d'infanterie.

Monsieur,

On ne peut plus touché de l'intérêt que vous voulez bien me témoigner à travers mes deux fils, je suis heureux de pouvoir vous rassurer à l'en-

droit de votre ami Henry. Nos angoisses, qui furent grandes, ont peu duré. Vingt-quatre heures à peine s'écoulaient entre la lecture du journal qui nous annonçait sa blessure et la réception d'un billet de lui dans lequel il nous assurait que le *Moniteur* le blessait par erreur; et qu'eût-il été une jolie femme valsant dans une salle de bal chauffée à 35 degrés, cet éclat d'obus n'eût pas plus galamment effleuré sa joue pour la rafraichir. — Malgré la poétique d'Henry et les caprices de la mode, je ne puis m'empêcher de croire que cet éventail aura de la peine à prendre. Veuillez consulter madame de Montbrun. Je serais bien surpris si, en dépit de mes soixante-dix ans, elle ne se rangeait pas à mon avis. . .
. . . .

La paix signée il reprit son poste à l'administration.

II

Il faut survivre à la défaite, un peuple ne meurt point. Dès lors au lendemain des revers il doit se reprendre à vivre sa vie par tous les organes de cette vie. Cette impression était partout, mais nulle part plus profonde que dans le service auquel appartenait Venel. Mais ce ne fut ni du premier coup, ni sans traverses, que ce résultat put y être acquis.

Dès la signature de l'armistice on s'était hâté de préparer le retour des gardes à leurs postes. Les derniers de ceux qu'on avait appelés au régiment forestier venaient à peine de quitter Paris quand se produisirent les événements du 18 mars. Journée lugubre et longue ce 18 mars au ministère des finances : hachée de nouvelles qu'on passait son temps à recevoir et à transmettre, à discuter, recueillant avidement tous les bruits pour y chercher des espérances et n'y trouver que des catastrophes. Le comte Daru y était venu savoir ce qu'était devenu son parent Venel. Heureux de le savoir sur pied, il fouillait de ses regards anxieux des yeux plus jeunes que les siens et leur demandait cette confiance qui dans l'abime de maux où la France paraissait plongée commençait à abandonner les âmes les plus fermes. On arpentait la rue de Castiglione, échangeant très peu de paroles. De temps en temps passaient vers la rue Saint-Honoré des groupes qui jetaient sur les redingotes des bureaucrates ou sur les tuniques des gardes nationaux du ministère des regards irrités, farouches. De temps en temps, des cris, des rumeurs; de temps en temps encore, des estafettes quittaient la place Vendôme, les groupes eussent bien voulu les retenir, n'osaient pas encore les arrêter, et profitant de leur hésitation ces courriers se faisaient place en lançant leurs chevaux. On sentait autour de soi l'atteinte du mal, la crainte du pire, ce vague malaise qui précède la tempête populaire comme l'orage de l'Océan. La journée ne semblait pas devoir finir. Quand Venel et son chef se quittèrent, le soir venu, et que le rendez-vous fut pris pour le lendemain au ministère à l'heure habituelle des bureaux, Venel comme saisi d'un pressentiment ajouta : Si nous y rentrons.

Le lendemain à l'heure habituelle des bureaux, on y rentra, pas pour longtemps. Tout le ministère des finances recevait à 10 heures l'ordre de se transporter à Versailles, et la direction des forêts, comme les autres, y arrivait sans archives, mais plus heureuse que d'autres, elle était munie d'un registre de son personnel que le chef de ce bureau avait eu la présence d'esprit d'enlever, et sous les yeux des insurgés, au moment même où ils pénétraient au ministère. A Versailles, on eut quelque peine à trouver gîte. Le directeur général et Venel n'ayant pas de famille à loger occupèrent en commun, rue de l'Orangerie, un petit appartement où vinrent les assaillir avec les préoccupations professionnelles les missions les plus étrangères à leur service [1]. Mais c'étaient diversions aux tristesses de l'heure présente, occa-

1. Voir *le Dernier Directeur général des forêts*, p. 167 et suivantes.

sions d'être utiles, elles furent les bienvenues. Enfin, après deux longs mois où les tables de bois blanc apportées dans une salle du palais de Versailles furent comme le radeau du ministère des finances, le 24 mai au matin, les deux locataires de la rue de l'Orangerie rentrèrent ensemble dans Paris, assez à temps pour contribuer à arracher aux flammes partie des bureaux et des archives de l'administration, assez à temps surtout pour tirer des mains de gardes nationaux trop zélés et trop méfiants un très courageux et très digne agent qu'on avait trouvé à demi asphyxié, à demi aveuglé, couvert de cendres et de débris au plus avant de la lutte contre le feu et qu'on parlait de fusiller comme incendiaire, parce que sourd plus d'aux trois quarts il répondait mal à des questions qu'il n'entendait pas. Comme si les incendiaires s'exposaient à être brûlés!

III

Il semblait que rentrée dans Paris et dans ce qui restait de ses bureaux, l'administration centrale n'eût plus dû avoir d'autre mission que celle de panser les plaies de ce beau domaine forestier exceptionnellement mutilé par la guerre. Mais, tandis qu'elle s'y empressait de son mieux, amis et ennemis des forêts paraissaient s'entendre et s'unir pour ne pas lui faire ces loisirs.

La seconde partie de l'année 1871 dut être consacrée à répondre à toutes les attaques dont les forêts sont habituellement l'objet au lendemain des révolutions. On passait le meilleur de son temps à renfoncer dans les limbes d'où ils n'eussent jamais dû sortir, une collection de projets mort-nés, mal venus, déjetés, rejetés. Tout de suite on fut aux prises avec l'aliénation des bois de l'État, perspective séduisante pour certains hommes d'État plus ou moins improvisés qui n'avaient pas de meilleure pièce dans leur sac que la diminution des charges publiques au moment où le malheur des temps les doublaient. Les plus modérés se fussent contentés de vendre les forêts de plaines. C'étaient des financiers qui, oubliant ou ne voulant pas se rappeler à quelles conditions se vendent en temps de crise sur un marché encombré les marchandises qu'on offre en grandes masses et dont on est obligé de se défaire à jour donné, recommandaient au ministre des finances cette opération économique. Et puis, si l'on réunissait les forêts aux domaines, se demandait-on? Les cinq milliards en auraient été bien plus facilement et plus vite payés à l'Allemagne sans doute!

IV

L'encre du rapport qu'il avait fallu faire imprimer en réponse à tous ces beaux projets n'était pas encore séchée que le ministre des finances donnait au Directeur général des forêts mission de procéder, de concert avec les préfets de la Gironde et des Landes, à une enquête sur les incendies de forêts qui venaient de désoler la région des Landes de Gascogne.

Certes la tâche était belle et honorable. Peut-être n'occupait-elle pas comme rang d'urgence, dans le sentiment des chefs des forêts, la même place que dans l'opinion du ministre. C'était, pensait-il, l'affaire de quelques jours, et Venel fut de nouveau désigné comme secrétaire de cette enquête.

Au premier abord on eût pu croire en effet qu'on allait reprendre sans trop de peine pour l'appliquer, à quatre ans d'intervalle, sur un théâtre plus étendu, la question étudiée jadis dans la région des Maures et de l'Esterel.

Mais ce n'était là qu'une apparence et l'on vit tout de suite combien de choses différaient.

D'abord tant d'objets sollicitaient en ce moment l'attention des pouvoirs publics qu'on ne pouvait attendre d'eux pour des questions relativement secondaires et locales, dans des circonstances difficiles, le degré de sympathie et d'attention qu'on eût obtenu en des temps plus calmes. Autre différence : appelés d'urgence en Gascogne, les commissaires enquêteurs n'avaient eu ni le temps ni la faculté de procéder à la préparation locale dont Venel s'était acquitté en 1868 de façon si heureuse et qui eût été cette fois comme l'autre un des plus sûrs garants du succès. Toutefois l'accueil obligeant que l'enquête reçut à Bordeaux du préfet et des notabilités qu'elle eut à voir ne lui donna pas lieu tout de suite de s'apercevoir qu'elle n'était plus en Provence ; mais à peine sensible au début, cette impression s'accentua au cours de la mission.

Les incendies de 1870 n'avaient été dans la région des Landes de Gascogne qu'un épisode plus récent et plus corsé dans une vieille querelle entre pasteurs et cultivateurs. L'opinion locale parut tout d'abord souhaiter qu'on s'arrangeât en famille, sans recourir aux forestiers si possible, leur intervention n'étant pas sympathique au plus grand nombre des intéressés, et même fort redoutée de beaucoup d'entre eux.

Ces dispositions n'étaient pas de nature à faciliter l'enquête ; elles obligèrent les commissaires à plus de réserve que dans l'enquête des Maures.

Néanmoins le programme arrêté fut rempli jusqu'au bout. Plus prolongée puisqu'il y avait plus de terrains à parcourir, l'enquête groupa une gerbe de documents encore plus complète qu'en Provence. Comme en 1868, Venel eut la mission de les recueillir, de les dépouiller et d'en présenter les résultats dans un rapport qui, revu et au besoin complété par le Directeur général, serait présenté au Ministre au retour de la mission. Un court aperçu de ces travaux peut paraître ici à sa place : c'est l'œuvre du secrétaire de l'enquête brièvement résumée.

V

De temps immémorial[1], le triangle compris entre la Garonne, l'Océan et l'Adour a été livré au parcours des troupeaux. Longtemps le parcours a été le seul moyen connu de tirer parti de ces vastes espaces, dont la plus grande portion appartenait aux communes, c'est-à-dire à tout le monde, où le berger régnait en maître. Sur ce sol maigre que les ardeurs de l'été transforment en désert de sable, dont les pluies de l'hiver font un marais, l'herbe est rare, mais le berger sait le moyen de se la procurer. Avril venu, il brûle tout ce qui est à la surface de la lande et sur la cendre bienfaisante pousse une herbe fraîche, abondante, qui donne la finesse à la laine, la saveur à la chair de ses moutons.

Nous avions déjà entendu en Provence quelque chose de ce langage. Dans ce qui va suivre il y avait plus de nouveau.

A bien des reprises la culture a essayé de mordre sur ce vaste domaine, de se substituer au parcours. Sans remonter plus loin le captal de Buch avait fait, en 1774, à M. de Neser, la concession de 40 000 journaux. Elle a toujours été depuis ravagée par le feu. La concession passée aux mains de la Compagnie Landaise eut même fortune. *Pas un pin sur ces vastes étendues n'est arrivé à l'âge d'exploitabilité.*

1. Voir *Enquête des Landes*. Dépositions orales et écrites, *passim*.

C'est, dirait-on aujourd'hui, la lutte pour la vie. L'élève du bétail est, pour le Landais, non seulement une industrie lucrative mais surtout une impérieuse nécessité. De ce sol maigre il faut qu'il tire par places le peu de céréales dont il doit vivre. Il ne les obtient qu'à force d'engrais. De tous les engrais qu'il peut se procurer, le moins coûteux et le plus à sa portée, c'est le fumier de ses moutons. Pour avoir des troupeaux en sol maigre, il faut des parcours étendus, *des espaces ensoleillés, car les pâturages sous bois ne suffiraient pas à entretenir la santé du bétail*. De cet enchainement de besoins, le Landais déduit qu'il ne peut vivre s'il n'a des landes *rases* à parcourir, et aussi que les propriétaires doivent supporter cette charge indispensable à l'agencement des domaines cultivés; bref, pour le Landais, supprimer le parcours, c'est supprimer l'habitant.

Mais c'est surtout le communal qu'il revendique. Si sur la propriété privée il estime que le parcours doit être réciproque, il sent et il sait qu'il rencontrera là inévitablement des restrictions à sa jouissance; aussi n'est-il à l'aise que sur le communal, aussi est-ce celui qu'il sauvegarde de l'œil le plus jaloux. Aussi a-t-on répondu par l'incendie à toutes les tentatives faites pour diminuer, écorner, toucher même le communal. Ces luttes ont été marquées par les grands incendies de 1755, de 1803, de 1822, de 1836, enfin de 1870.

Ces besoins, les esprits les plus modérés les constatent. Il n'est pas possible de cultiver les landes ni de les maintenir boisées sans une population [1]. On ne peut y avoir de population qu'à la condition de lui donner une industrie agricole rapportant des revenus au jour le jour, à

1. Voir l'*Enquête des Landes*, et notamment la déposition de M. Alexandre Leon, p. 56 et suivantes.

bref délai. Le produit forestier est à long terme. Il faut donc des métairies et des fermes pour élever du bétail, pour avoir des engrais et par eux des cultures. Force est de solidariser de façon absolue les landes avec le pays habité. Les intérêts de l'un doivent être *conciliés* autant que possible avec ceux de l'autre.

La loi de 1857 est venue. Elle a ordonné l'assainissement, la mise en valeur des landes communales par l'ensemencement forestier. A-t-elle suffisamment tenu compte des besoins des pasteurs, de cette *conciliation* reconnue nécessaire? Préoccupée, comme on l'était alors, de réaliser d'en haut et très vite de grands progrès dans le bien-être des populations, a-t-elle mûrement cherché à quelles conditions elle serait assurée de parvenir à son but? A-t-elle tenu la balance entre les deux intérêts? A-t-elle fait part suffisante au parcours?

Oui, disent les partisans de la loi. La loi de 1857 n'a fait dans les Landes autre chose que ce que le décret de 1810 avait fait dans les Dunes. Elle n'a pas porté atteinte à la propriété privée. Et vis-à-vis des communes, elle ne les a pas forcées à vendre. Elle n'a pas mis obstacle à la vaine pâture. Si peu avantageux que fût ce mode de jouissance, elle l'a respecté, elle a eu égard aux habitudes et même aux préjugés des populations. L'ensemencement des landes, c'est-à-dire leur enrichissement, est lent, gradué, progressif. La loi n'a usé que de son droit de police. Peut-on lui interdire d'assainir, de faire des règlements dans un intérêt de salubrité publique?

Toutes les précautions avaient-elles été en effet bien prises pour l'application de la loi? Il appartenait à l'expérience d'en décider. Tout d'abord la loi reçut bon accueil. Elle coïncidait avec une grande hausse du prix des résines. L'intérêt est la règle des actions et encore bien plus des démonstrations, dans le Midi surtout. A cette hausse des prix, le berger se faisant résinier trouvait son compte. Quand les résines baissèrent, les sympathies des bergers résiniers baissèrent d'autant. Vint le jour où le résinier gagna à peine 1 franc par jour; ce jour-là les instincts du pasteur reprirent le dessus, ses habitudes aussi. *Les incendies ne s'arrêtèrent plus dans la Gironde que quand tous les semis de date récente eurent été brûlés.*

L'opinion dominante dans les dépositions reçues par l'enquête était qu'il fallait s'arrêter. La loi avait eu en vue de bons résultats, mais elle avait voulu les obtenir trop vite. Il eût fallu y mettre plus de ménagements. *Aujourd'hui elle a atteint son terme dans le département des Landes*, disait l'ingénieur en chef de ce département. Mais cet avis ne fut pas unanime. Il y eut des opposants radicaux dans les deux sens, des fanatiques du maintien de la loi, des fanatiques à qui sa suppression n'eût pas suffi. Il leur fallait remonter bien plus en arrière, revenir aussi sur le décret de 1810 qui avait ensemencé les Dunes et les avait fermées au parcours.

Des dépositions écrites, le langage tenu par un orateur devant le conseil général des Landes, formulèrent sans ambages, sans aucune précaution oratoire, les vœux de ces ultra-réactionnaires.

« Avant ces deux grandes mesures (le décret de 1810 et la loi de 1857), dirent-ils, les incendies étaient rares; aujourd'hui ils prennent les proportions d'un fléau qui épouvante les populations. Nous avons essayé de lutter. Nos parefeux sont insuffisants, leur création coûte trop cher, l'entretien en est ruineux. Les nettoiements en plein, il n'y faut pas songer vu leur prix. Revenons aux anciens errements, favorisons la restauration du régime pastoral, même dans les Dunes. Multiplions les troupeaux par la liberté du parcours. Nos moutons se chargeront des nettoiements, des éclaircies, de l'entretien des pare-feux. Arrêtons-nous, la vieille routine de nos pères a reçu la consécration des siècles. Nous redemandons l'entrée des bestiaux dans les Dunes. »

Que répondre, sinon :

« Nous avons le devoir de les leur interdire; nous continuerons à faire notre devoir. Nous laisserions à d'autres le soin d'agir autrement. »

L'incident valut aux enquêteurs un grand honneur qu'ils n'attendaient point, auquel la franchise des dépositions précédentes ne les avait pas préparés. Un membre du conseil, des plus éminents, se leva, traversa la salle, vint aux commissaires de l'enquête et silencieusement leur serra la main.

VI

Une satisfaction non moins vive les attendait au retour à Bordeaux. Dans sa déposition écrite, M. Chambrelent, ingénieur en chef des Ponts-et-Chaussées, propriétaire dans la Gironde, partisan résolu de la loi, énuméra tous les bienfaits, déjà considérables, dus à cette loi, déjà acquis mais cruellement menacés. Il demandait contre la barbarie des incendiaires, protection énergique pour ces richesses créées à un moment où la France avait si grand besoin de réparer ses pertes, et pour mieux assurer cette protection, l'éminent ingénieur signalait au premier rang des mesures à prendre la nécessité de réglementer l'usage du feu, d'appliquer à la région des Landes l'article 2 de la loi des Maures, et d'adjoindre à ce texte resté incomplet et insuffisant, les autorisations individuelles à obtenir du préfet, et les autres garanties complémentaires que le baron Haussmann et le Sénat avaient réclamées dès 1870.

On ne s'étonnera pas que les commissaires enquêteurs, rangés à cet avis, aient cru de leur côté que là se trouverait aussi la solution désirée pour les Landes, et qu'en conséquence ils aient préparé un projet de loi qui eût été l'application améliorée et appropriée à la Gascogne de la loi essayée en Provence. Qu'est devenu ce projet, où repose-t-il aujourd'hui? Il est d'autant plus superflu de le rechercher que les Landes ont aujourd'hui beaucoup de chemins et que la consécration qu'il eût apportée à la loi des Maures lui vint à plus bref délai d'Algérie. Le gouverneur général Chanzy avait demandé et son énergie sut obtenir la loi du 17 juillet 1874 qui proclamait, renforçait et appropriait à l'Algérie les principes et les dispositions dont la loi du 27 juillet 1870 avait procuré le bienfait à la Provence.

Cette justification de la loi de 1870 et de l'enquête des Maures ne devait pas être la dernière. Une étude [1] approfondie des intérêts forestiers, pastoraux et agricoles du département du Var, écrite par un homme du métier, juge compétent, a constaté récemment le bien qu'avait fait la loi des Maures, et détaillé avec complaisance les améliorations qu'il conviendrait de lui apporter pour en obtenir plus de bien encore en la rendant définitive. L'œuvre à laquelle Venel s'était voué en Provence avec tant de cœur et de succès ne pouvait recevoir une adhésion plus probante, une consécration plus autorisée.

1. *Le Var*, par E. Boyé, ancien conservateur des forêts. Lille, Danel, imprimeur, 1887.

LE CHEF DU PERSONNEL

I

L'administration des forêts en avait-elle fini avec les missions extérieures à son service, avec les obstacles opposés à l'exécution régulière et exclusive de ses devoirs normaux si urgents?

Hélas! non. Le rapporteur d'une des grandes commissions de l'Assemblée nationale avait recommandé en 1871 comme une mesure d'absolue nécessité pour la préservation du domaine forestier de l'État la translation de l'administration des forêts au ministère de l'Agriculture. Ce projet avait rencontré beaucoup d'adhésions à l'Assemblée. Il était vu avec faveur par beaucoup d'agriculteurs, il avait beaucoup de partisans dans le service et à l'administration centrale elle-même plus d'un s'était ouvertement prononcé en sa faveur. Comment s'en étonner? à quelques années en arrière, il avait fallu aux forêts lutter contre le ministre des Finances pour arracher de ses griffes une grosse portion du domaine de l'État menacée d'une prochaine aliénation. L'élite du corps forestier s'était engagée dans cette querelle et avait eu raison de son puissant adversaire. L'occasion paraissait bonne de lui échapper définitivement, personnel et matériel, forêts et forestiers. Mais à une époque où il y avait tant de désastres à réparer ne voyait-on rien de plus urgent à débattre? La preuve qu'on eût pu attendre pour agiter ce problème semble résulter de ce seul fait, qu'on dut surseoir plus de quatre ans avant de pouvoir trancher la question sans débat et qu'il ne fut point allégué que le service eût notablement souffert de ce retard. Le doute sur l'opportunité se grossissant après étude de doutes sur le fond, le directeur fut amené à combattre le projet, et pour se consacrer à cette lutte dut abandonner à Venel l'élaboration d'abord entreprise en commun avec lui du projet d'organisation militaire nouvelle du corps forestier sur les bases de la loi de 1872. Soumis à l'examen du maréchal de Mac-Mahon, alors chef de l'armée, et du ministre de la guerre, le projet préparé par Venel reçut de l'un et de l'autre une flatteuse approbation, et s'il a dû subir depuis des modifications, conséquences naturelles des modifications qu'a reçues elle-même la loi de 1872 sur laquelle il avait été adapté, ce travail est demeuré dans ses grandes lignes la base de la nouvelle organisation militaire des *chasseurs forestiers*.

Mais enfin, le 20 février 1873, le vote de l'Assemblée tranchant la question du passage à l'agriculture, avait dégagé pour un temps l'administration des préoccupations externes et raffermi le sol sous ses pas. On vivait depuis 1870 au jour le jour; on put prévoir dès lors, car prévoir c'est déjà administrer, on put arrêter un programme, et répartir entre les plus dignes la mise à exécution de ce plan.

II

Par suite, au mois de mars suivant, le conservateur qui avait si bien approvisionné le service du génie des bois nécessaires à la défense de Paris recevait la juste récompense de ses services et était nommé administrateur des forêts. Selon une tradition établie, il était remplacé par le chef du personnel, qui lui-même était remplacé par Venel qu'une dépêche de son prédécesseur trouva en congé au Canadeau et qui eut la grande satisfaction de réjouir de cette nouvelle les oreilles et le cœur de son père.

Joie légitime : l'homme était à sa place. On pourrait se borner à l'affirmer. Mais il est des circonstances où l'on doit avoir tout l'orgueil de sa probité, se faire reste de droit et ce qu'on affirme le démontrer, ne laisser prétexte de doute aux esprits les plus incrédules, les plus prévenus.

Personne n'eût pu contester que Venel avait les qualités, les aptitudes requises, d'excellents services. Mais à côté de lui, au-dessus de lui ne pouvait-il y avoir d'autres mérites égaux ou supérieurs au sien qu'on eût négligés, aux dépens desquels on l'eût favorisé? C'est ce qu'il faut élucider ici.

Il y avait à cette date à l'administration, huit candidats qui eussent pu être désignés pour l'emploi. Deux primaient Venel d'âge et de grade : tous deux étaient hommes de valeur et eussent honoré la fonction. Mais le premier venait de prendre à date récente dans la question du passage à l'agriculture une attitude si accusée d'opposition qu'il était aussi difficile à son chef de lui offrir le poste qu'à lui de l'accepter. Le second des anciens de grade préférait garder dans un poste moins en vue une indépendance qui lui était chère. L'un des anciens d'âge dans le même grade avait lui-même compromis ses chances, car il avait appelé ou laissé appeler la recommandation au secours de ses titres, aveu flagrant d'infériorité. De tous les autres candidats possibles, aucun ne pouvait invoquer un titre que n'eût Venel, et n'avait dans ses états de services rien à opposer à la double enquête des Maures et des Landes.

Quand il fut ainsi bien établi que Venel, sans porter atteinte à aucun droit, sans méconnaître aucun titre, pouvait être l'objet du choix, son chef put se rappeler aussi qu'ayant la responsabilité de ce choix il devait en avoir la liberté. Il fut heureux alors de laisser parler son amitié, plus heureux encore de voir les trois nominations qu'il venait de faire confondues par l'opinion publique dans une égale approbation.

Dire que les qualités militaires que Venel avait déployées pendant la guerre avaient nui à sa nomination serait excessif. Il est toujours bon dans tous les cas d'avoir à ce poste un solide compagnon, car le chef du personnel est au chef de l'administration ce qu'est au vaisseau amiral le vaisseau son matelot. En temps d'orage, ils font face ensemble à des périls communs pour une victoire ou pour une défaite commune. Mais à ce moment devant l'administration on ne voyait pas encore poindre de difficultés. Le champ paraissait libre.

III

Oh! les belles années qui allaient commencer où, sans souci de ce que pouvait faire ou ne pas faire la politique, on s'occupait de si bon cœur des reboisements, où le personnel de ce beau service se sentant apprécié, soutenu, encouragé, montrait tant de zèle, accumulait tant de progrès!

Oh! les belles années où l'administration centrale et l'École de Nancy vivaient dans un si fraternel accord, s'aidant l'une l'autre de leur mieux, celle-ci heureuse de se laisser ramener par celle-là au plus profond des gorges des Alpes, pour constater tous ces progrès, pour confesser d'abord, pour professer ensuite le reboisement. Heureuses années où l'activité était grande, l'impulsion acceptée, le mouvement uniforme. Heureuses années qui peuvent être sorties de la mémoire des hommes, mais qui ne périront pas tout entières, car les traces en demeurent dans ce projet ministériel de 1876 d'où est sortie, après un enfantement très laborieux et beaucoup d'*avatars*, la loi de 1882 sur la restauration et la conservation des montagnes.

On ne s'occupa pas que de reboisements, à cette époque; on s'occupa de bien autres choses encore, et même d'aménagements qui tout aussi nombreux et bien étudiés qu'ils eussent été jamais, à tous leurs mérites précédents durent joindre celui de la régularité administrative et ne recevoir d'application qu'après l'approbation préalable obtenue de qui de droit.

Pendant toute cette période, Venel fut de plus en plus intimement associé aux projets et aux efforts de son chef. Le moment approchait d'ailleurs où devant des difficultés croissantes, son concours allait avoir encore plus de prix.

Déjà grondait aux portes la politique. Ne pouvant faire en 1873 la monarchie qu'elle voulait, l'Assemblée s'essayait à faire en 1875 péniblement la République qu'elle ne voulait pas. Avec la division des esprits, le désordre commençait à se glisser partout.

Qui n'est convaincu aujourd'hui que les fonctionnaires doivent être les serviteurs respectueux et dévoués du gouvernement qui les emploie? qu'ils lui doivent la discrétion professionnelle, qu'il ne leur est pas loisible de puiser dans leurs archives, même pour la discussion publique des questions qui intéressent leur service, s'ils n'en ont préalablement reçu l'autorisation de leurs chefs ?

Si ces principes de tout temps incontestables et aujourd'hui incontestés avaient toujours été admis et appliqués, si un jour n'était pas venu où ils se voilèrent de nuages dans quelques consciences, le chef de l'administration ne se fût pas vu dans la pénible nécessité de se défendre contre des hommes qu'il croyait avoir le droit de compter parmi ses amis. Il eût pu réserver toutes les forces de Venel et toutes les siennes à la défense de ses subordonnés, surtout des plus humbles à ce moment les plus attaqués.

C'est qu'en effet au 16 mai le bureau du personnel devint une sorte de champ clos où l'on batailla chaque jour et pour des causes bien diverses, car souvent la politique ne fut qu'un manteau sous lequel toutes les passions se donnaient carrière. Dans la période victorieuse du 16 mai, elles semblèrent toutes conservatrices ou à peu près. Dans la période de sa défaite, elles parurent avec autant d'unanimité républicaines. Avant comme après elles eurent les mêmes exigences, des gages, des faveurs ou des destitutions. Témoin ce conseiller général, grand propriétaire, banquier, chasseur jusqu'au braconnage : il rencontre sur son chemin un brigadier forestier courageux qui dresse contre lui des procès-verbaux. Maintenant que la politique lui en donne les moyens, c'est le délinquant qui poursuit le garde. Ses plaintes, ses dénonciations remuent ciel et terre, mais quoi qu'il tente et où qu'il aille réclamer, le suit la réplique de Venel courtoise et froide. La lutte est longue, acharnée, et c'est à grand'peine que le malheureux brigadier échappe aux vengeances politiques de ce braconnier. Exemple entre cent de ce qui se passe au Nord. Autre brigadier, du Midi celui-ci. Il faut donner ces exemples pour montrer jusqu'où descend la passion s'abritant de la politique; on pourra conclure ensuite du petit au grand.

A la fin de l'année 1876, le Sr C..., brigadier communal à C***, est dénoncé comme hostile au gouvernement par un député qui demande le déplacement de ce malheureux.

Consulté, le conservateur local répond :

« Il y a vingt ans que le sieur C. surveille les bois des communes de C*** et de V***. Il reçoit le modique salaire de 330 francs.

« C'est un homme énergique, aimant passionnément son métier. Il a lutté toute sa vie contre sa santé mauvaise et sa constitution débile.

« Il a été de tout temps signalé comme un homme sûr, dévoué, intelligent.

« En 1869 une plainte fut dressée contre lui par le maire de C***.

« Mon prédécesseur résumait ainsi les griefs qui lui ont été imputés. Les plaintes doivent être attribuées à des motifs personnels auxquels l'intérêt et la passion ne sont pas étrangers. Il serait souverainement injuste de punir un garde méritant, honorable, dévoué, utile. Depuis cette époque le brigadier C. n'a cessé de donner la preuve d'un mérite au-dessus de sa position.

« On choisit bien mal le moment de se plaindre de ce préposé. *Il y a quatre mois qu'il a été obligé d'interrompre son service à la suite de fatigues*; il est alité depuis *deux mois*, *le médecin consulté déclare* qu'il a peu de temps à vivre.

« Dans l'esprit de ses chefs il ne laissera après lui que de profonds regrets.

« J'ai de très bonnes raisons pour penser que ce n'est pas parce qu'il a un caractère difficile qu'on l'accuse.

« C'est parce qu'il gêne et que son successeur désigné est déjà prêt.

« Il me paraît juste et humain de laisser mourir en paix le malheureux C. »

Ces renseignements sont transmis par le bureau du personnel au ministre qui se refuse à déplacer le brigadier.

Le député insiste :

« M. le Ministre,

« J'ai reçu la lettre que vous m'avez fait l'honneur de m'écrire au sujet du sieur C., brigadier forestier communal. Je regrette vivement que vous vous refusiez à déplacer cet agent, notoirement hostile au gouvernement, opposé à la municipalité et au conseil municipal et ennemi personnel de la plupart des propriétaires de la localité [1]. Mais puisque vous savez que le sieur C*** est malade et qu'il ne relèvera pas de cette maladie, ne pourriez-vous pas mettre à la retraite cet employé qui compte vingt ans de service, *je vous le demande au nom de toute la population de cette région.* »

Saisi de cette lettre, le bureau du personnel fait remarquer au ministre qu'*il n'y a pas de retraite pour les brigadiers communaux.* Il ajoute :

« Dans ces circonstances, vous apprécierez sans doute, M. le Ministre, qu'il n'y a pas lieu de provoquer auprès du préfet un déplacement qui équivaudrait à la destitution d'un préposé favorablement noté. »

1. Observez la gradation : hostile au gouvernement, c'est le moindre grief; à la municipalité, c'est plus sérieux; mais aux propriétaires de la localité, voilà le superlatif. Et si ces propriétaires sont des délinquants?

Quant au directeur général il dit comme le conservateur : il croit qu'il faut laisser cet homme mourir en paix.

Et le ministre annotant de sa main la lettre de l'administration :

« Je crois, comme M. le directeur général, qu'il faut laisser le sieur C*** en fonctions à cause de sa triste situation. *Il est toutefois regrettable* que le service des forêts donne lieu à des plaintes si générales au point de vue politique. Les agents qui persévéreraient dans une attitude hostile au gouvernement de la République qu'il est de leur devoir de servir devraient être écartés du service par des révocations ou des mises à la retraite suivant les cas. »

Tout cela se passait il y a quinze ans. Apparaît-il aujourd'hui que la politique eût à se plaindre de ces braves gens ou ces braves gens de la politique? Il est *regrettable*, disait le ministre. Qu'est-ce qu'il y avait de plus regrettable à votre avis, n'était-ce pas l'étourderie de ce député et son insistance cruelle? Qu'y a-t-il de plus souhaitable, n'est-ce pas que celui qui a la charge de la défense des bois communaux, — et qui a la chance de rencontrer pour les protéger une milice, à raison de 330 francs l'an, laquelle pour ce prix joue dans une lutte incessante son repos, sa santé sa vie, — donne raison à cette milice contre ceux qui l'attaquent injustement, ne batte pas les chiens devant les loups?

Et croyez-vous, vous qui lirez ces lignes, que les chiens qui nonobstant ces menaces et ces mauvais traitements empêchaient encore les loups d'approcher, n'étaient pas de braves cœurs de chiens, et qu'il n'était pas du devoir de ceux qui les ont connus et honorés et aimés, de les honorer et de les aimer jusqu'à la fin et de montrer qu'aux forêts, il y avait alors des vaillants sur tous les champs de bataille, notamment sur le plus dangereux de tous, la politique?

LA RETRAITE

I

Les élections d'octobre 1877 eurent pour conséquence indirecte mais presque immédiate le passage à l'Agriculture du service des forêts. Tant bien que mal, il s'installa sur la rive gauche, sous le toit de ses rêves. Venel y fut porté avec tous les autres par le flot. Mais là il se forme autour de son nom un double courant d'opinion. Les griefs de ceux qu'il a vigoureusement combattus se heurtent aux sentiments de reconnaissance de ceux qu'il a défendus avec tout autant d'énergie. Ce choc fait reculer les adversaires et tout d'abord ils doivent se contenter d'une permutation. Venel remplace au bureau des ventes le camarade et l'ami qui vient le remplacer au personnel. Cette demi-disgrâce apaise-t-elle toutes les rancunes? Venel maintenu à Paris troublera-t-il encore quelques sommeils? Il serait d'un bon effet de l'envoyer en province, de le mettre en mesure et en demeure de faire à nouveau, après 15 ans de séjour à Paris, ses preuves d'aptitude au service extérieur.

Niort est un poste d'épreuve bien choisi. Les forêts du service ordinaire, pour une raison ou pour une autre, n'y sont pas en bon état. Quant au service extraordinaire, c'est la Coubre, c'est-à-dire le point des Dunes où le vent et l'Océan se montrent le plus redoutables. L'ancien chef du personnel se tire bien de l'épreuve. Il imprime à son service une direction personnelle heureuse, il substitue l'adjudication à la régie dans un grand nombre de travaux des Dunes, et obtient pour ses ventes, grâce au soin qu'il y apporte, des résultats inattendus.

Il ne réussit pas moins bien au point de vue politique. Sans renier ceux qu'il avait servis, sans dissimuler ses convictions, il se montre fonctionnaire irréprochable à ce point que le député de la région, frappé de la franchise et de la loyauté de son attitude, appuie de ses démarches le désir qu'exprime Venel de rentrer à Paris.

Déjà ce retour est préparé. Le sous-secrétaire d'État qui dirige le service des forêts a pris des engagements qui seront tenus. Venel est placé à la tête de la conservation de Paris. Il y a la même conduite sage, habile et loyale qui l'avait fait apprécier à Niort.

Il est donc à croire que dans ce poste mérité par trente ans de services dont certains hors ligne, à quatre ans de distance des anciennes luttes, il a trouvé le port. Ses amis s'en réjouissent, les plus dévoués espèrent mieux encore.

Mais, a dit le fabuliste,

> Tout établissement vient tard et dure peu,

et Venel lui-même ne paraît pas partager ce qu'il appelle les illusions de ses amis. Il semble qu'il voie s'approcher l'écueil où sa barque forestière va se briser.

II

Au mois de février 1882, la direction des forêts remise depuis quatre ans entre les mains du sous-secrétaire d'État, reçut un nouveau titulaire. Moins d'un mois après, Venel était envoyé en disgrâce, de Paris à Chambéry. Quoi! direz-vous, une seconde fois?

Quel fut le motif de cette disgrâce? Le seul grief qu'on ait allégué alors, d'après la correspondance de Venel que j'ai sous les yeux, était postérieur à la mesure. De la décision ministérielle qui le frappait, Venel aurait appelé à l'intervention officieuse et bienveillante du président de la République avec lequel les chasses de Marly le mettaient en rapports directs et obligés, et le ministre voyant dans ce recours une atteinte à son autorité se serait opposé à toute atténuation de sa décision. Cette explication n'expliquerait pas grand'chose, car il resterait encore à motiver l'envoi à Chambéry. De mauvaises langues insinuèrent que c'étaient représailles; que le directeur nouveau avait été, au temps du 16 mai, victime d'une mesure analogue, envoyé de Paris en province et que Venel subissait la loi du talion. Cette nouvelle explication est invraisemblable. En admettant que ce roi de France eût été disposé à venger les injures de ce duc d'Orléans, c'est au directeur général de 1877 qu'il s'en fût pris, à l'auteur de l'acte, seul responsable de ce qu'il avait ordonné, et non à Venel qui n'avait dû et n'avait pu exécuter que des ordres.

Quoi qu'il en ait été, plus d'un parmi les amis de Venel lui conseillait d'accepter le poste, d'aller à Chambéry attendre le retour du flot. Mais les circonstances faisaient que cette séparation d'avec sa famille, qu'il ne pouvait emmener, aurait pour la santé, le bien-être et l'avenir des siens des conséquences que Venel ne crut pas possible de leur infliger, dont il ne put supporter la pensée. Il demanda sa retraite et l'obtint de la plus évidemment désobligeante mauvaise volonté. La blessure reçue au bombardement du plateau d'Avron qui lui avait valu le lendemain les honneurs de l'*Officiel*, changea de caractère à douze ans d'intervalle et ne fut plus taxée que *incapacité de servir contractée dans l'exercice des fonctions*, assimilée à l'usure paisible dans laquelle un *rond de cuir* s'endort et s'éteint.

Les amis de Venel lui avaient toutefois donné un bon conseil. Retour du flot! Avant que la pension fût entièrement liquidée, le directeur gisait à terre avec les débris d'une réorganisation dans laquelle il s'était empêtré.

III

De tout ceci je me serais tu si dans le souvenir que la *Revue des eaux et forêts* a consacré à Venel, un mot ne m'avait étonné. « Par suite de quelles circonstances fut-il amené à prendre aussi prématurément sa retraite, y est-il dit, il serait sans intérêt de rappeler cette histoire un peu *trouble* qui remonte à quelque dix ans. »

Au jour de la mort, hier ou aujourd'hui, la date ne fait rien, tout est de plain-pied; au jour de la mort, ni réticence ni équivoque, la vérité! Trouble, ce mot doit-il être pris comme un partage de torts, une cote mal taillée de défaillances réciproques entre le bourreau et la victime? Ce serait de la plus amère injustice; trouble dans la conscience de ceux qui ont frappé Venel, s'ils ont appris quel préjudice allait causer à une femme et à des enfants la satisfaction de leurs ressentiments; trouble et remords chez eux sans doute, mais chez Venel? Où a-t-il été ce trouble, dans le cœur, dans la pensée ou dans la conduite du plus correct, du plus loyal, du plus brave des hommes? Trouble ne s'explique que s'il ne s'applique pas à Venel. Celui qui a écrit ce mot sera le premier à le reconnaître.

IV

L'homme que la retraite enlise avant l'âge, a peine, si énergique, si vigoureux qu'il soit, à s'arracher à ce sol, qui se vide ou se dérobe sous ses pas. Il n'y a de point d'appui à chercher que dans un plus strict et plus rigide accomplissement des devoirs qui vous restent. Tout d'abord, bon père et bon mari, Venel déroba aux siens ses impressions, ses préoccupations du lendemain. Ses amis et moins encore le public n'eurent à constater de changements ni dans ses allures, ni dans son humeur. Il sembla au contraire que maître de plus de temps, il fût plus maître de lui-même, plus l'élève de son père, et que sa courtoisie augmentât avec le nombre de ses années. Cette victoire ne s'obtient pas du premier coup; qu'importent les luttes intérieures qui la précèdent, si nul ne les peut voir, si nul n'en souffre!

Il continua de se montrer aussi régulièrement aux séances du Conseil d'administration de la Société des Magasins généraux dont il était membre depuis des années déjà. Il avait là un chef, un président qu'il aimait et qu'il admirait comme exemple rare de mauvaise fortune dignement supportée et de travail prolongé jusqu'à la dernière heure, le baron Haussmann, qu'il accompagna plus souvent après les séances de la rue Croix-des-Petits-Champs, siège de la Société, jusqu'à l'hôtel de la rue Saint-Florentin, assidu courtisan des derniers jours du grand Préfet.

En même temps il reprit sa plume. Quand parut *le Dernier Directeur général des forêts*, le titre du livre, le nom de l'auteur attirèrent. Dans la pensée de beaucoup de gens, ce livre allait être une riposte : il ne se bornerait pas à l'apologie de l'œuvre commune des neuf ans. Il serait surtout la critique des successeurs. Aiguisée par la disgrâce et le ressentiment, cette critique serait vive, ardente, sanglante. Quel régal! On allait rire à la galerie. On eut beau feuilleter, on ne trouva rien de ce qu'on avait cherché. Venel n'était pas de ceux qui frappent un ennemi à terre. Il fut allégué à cette date que sa retenue, que cette lacune avait fait du tort au livre, à la vente en librairie.

Il publia ensuite quelques brochures sur son sujet favori, et entre autres dans le dictionnaire de M. Léon Say un article « Forêts » qui fut remarqué pour l'abondance des renseignements et la nouveauté du point de vue auquel l'auteur s'était placé. Mais sa principale préoccupation était de continuer son appui à sa clientèle d'anciens serviteurs de la Direction générale. Une des marques de sympathie les plus appréciées qu'il ait pu leur donner fut sa présence à l'enterrement de A. Claire, ancien commis au personnel, serviteur dévoué, modeste, intelligent et brave, de la race de ceux qui ont des oreilles et n'entendent point, des yeux et ne voient point, peuvent parler et savent se taire, homme de bien d'ailleurs dans toute l'acception du mot. Plus d'un grand eût envié pour lui-même le langage tenu par Venel sur la tombe de cet humble.

Par une frappante application des préceptes, celui qui honorait ainsi les humbles fut honoré à son tour. L'œuvre de la Propagation de la Foi l'appela à faire partie de son conseil d'administration. Elle avait tout d'abord fait de lui son trésorier.

Enfin deux grandes joies éclairèrent de leurs vifs rayons cette portion de sa vie, le mariage de sa fille aînée suivi de la naissance successive d'une petite-fille et d'un petit-fils, — et l'entrée de son fils à Saint-Cyr.

V

La vie lui devenant plus précieuse et plus douce, la mort s'approchait. Au cours du redoutable hiver d'où nous sortons, Venel voulut procéder lui-même à la vérification d'un des entrepôts de la Société des Magasins généraux. Il prit froid au cours de cette visite et dut s'aliter. Dès le premier jour le mal fit des progrès si rapides que le médecin alarmé avertit les siens du danger. Mais la mort avait beau se hâter, elle ne devait pas le surprendre : elle le trouva prêt. Depuis longtemps tous les arrangements que comporterait à ce moment l'avenir de sa femme et de ses enfants avaient été pris avec une prévoyance si minutieuse que l'assistance des gens de loi ne fut pas nécessaire à sa veuve. Tout ce qu'elle eut à faire lui avait été tracé d'avance point à point.

Ce catholique ne tenait pas ses comptes de conscience avec moins de soin que ses affaires de famille. Aux premiers mots, il appela le prêtre et reçut les derniers secours en toute foi et toute espérance.

Par une grâce souvent accordée à ces organisations vigoureuses, sur le bord de la tombe même il eut la pensée qu'il ne mourrait point de ce coup et cette certitude de la guérison sembla lui faire cortège jusqu'au dernier souffle. Mais déjà il voyait plus haut. Confiance et repos en la volonté de Dieu, c'est la dernière impression que reflète sur ce mâle visage apaisé l'image levée par la photographie sur son lit de mort.

VI

J'ai consulté depuis cinq mois ses compatriotes, ses contemporains, ses camarades, ses subordonnés; j'ai poussé mes recherches jusque dans les rangs de ceux qu'on pouvait considérer comme ses adversaires politiques. Qui me démentira si je dis : Il a fait honneur à sa race ce vrai gentilhomme, à sa chère Provence ce Provençal, aussi bon Français que bon Provençal, à l'administration des forêts ce forestier, au 7e bataillon ce capitaine de mobiles, à sa foi ce catholique. Si par ses mérites il a rendu plus lourd à porter pour les siens l'héritage de son nom, il leur a bien tracé la route par ses exemples. Ils ne pouvaient souhaiter meilleur guide. Ils ne pourront aller par de plus droits chemins aux destinées qui leur sont réservées.

Coulommiers. — Imp. Paul BRODARD.

www.ingramcontent.com/pod-product-compliance
Lightning Source LLC
LaVergne TN
LVHW020446230826
846091LV00004B/1563

* 9 7 8 2 0 1 3 6 6 8 7 9 8 *